3 1994 01231 8629

1/06

SANTA   ARY

ID0643732

La ciencia de los seres vivos

¿Qué es la hibernación?

J SP 591.565 CRO
Crossingham, John
Que es la hibernacion?

$23.92
NEWHOPE   31994012318629

John Crossingham y Bobbie Kalman
Crabtree Publishing Company
www.crabtreebooks.com

Serie La ciencia de los seres vivos
Un libro de Bobbie Kalman
Dedicado por John Crossingham
Para Julie Booth porque odia los pantalones

Editora en jefe
Bobbie Kalman

Equipo de redacción
John Crossingham
Bobbie Kalman

Editoras
Amanda Bishop
Kathryn Smithyman
Niki Walker

Diseño de la portada
Kymberley McKee Murphy

Diseño por computadora
Margaret Amy Reiach

Coordinación de producción
Heather Fitzpatrick

Investigación fotográfica
Heather Fitzpatrick

Consultora
Patricia Loesche, Ph.D., Programa
sobre el comportamiento de
animales,Departamento de Psicología,
University of Washington

Consultora lingüística
Lillian Guzman, B.A., Educación,
Maestra bilingüe para apoyo didáctico en Ciencias y Estudios Sociales

Fotografías
Frank S. Balthis: página 18
Stephen Dalton/NHPA: portada
Wolfgang Kaehler: páginas 8, 29 (parte superior)
Robert McCaw: página de título, páginas 10, 14, 16, 19 (parte superior), 30
Photo Researchers Inc.: Joe B. Blossom: página 5; J.L. Lepore: página 11
Tom Stack and Associates: Jeff Foott: páginas 4, 19 (parte inferior);
    Thomas Kitchin: página 12;
    Tom & Therisa Stack: página 27
Otras imágenes de Adobe Image Library, Corbis, Digital Stock y
    Digital Vision

Ilustraciones
Barbara Bedell: contraportada, páginas 4, 6, 8, 9, 13, 14, 25, 26
    (parte inferior, a la derecha), 30
Margaret Amy Reiach: página 19
Bonna Rouse: páginas 5, 10, 11, 16, 17, 20, 21, 22, 23, 26
(parte superior y parte inferior a la derecha), 27, 28
Tiffany Wybouw: páginas 18, 29

Traducción
Servicios de traducción al español y de composición
    de textos suministrados por translations.com

Crabtree Publishing Company
www.crabtreebooks.com   1-800-387-7650

Copyright © **2006 CRABTREE PUBLISHING COMPANY**.
Todos los derechos reservados. Se prohíbe la reproducción total o
parcial de esta obra, su almacenamiento en sistemas de
recuperación o su transmisión en cualquier forma y por cualquier
medio, ya sea electrónico o mecánico, incluido el fotocopiado o
grabado, sin la autorización previa por escrito de Crabtree
Publishing Company. En Canadá: Agradecemos el apoyo
económico del Gobierno de Canadá a través del programa *Book
Publishing Industry Development Program* (Programa de desarrollo de
la industria editorial, BPIDP) para nuestras actividades editoriales.

Cataloging-in-Publication Data
Crossingham, John, 1974-
  [What is hibernation? Spanish]
  ¿Qué es la hibernación? / John Crossingham y Bobbie Kalman.
    p. cm. -- (La ciencia de los seres vivos)
  Includes index.
  ISBN-13: 978-0-7787-8758-7 (rlb)
  ISBN-10: 0-7787-8758-3 (rlb)
  ISBN-13: 978-0-7787-8804-1 (pb)
  ISBN-10: 0-7787-8804-0 (pb)
  1. Hibernation--Juvenile literature. I. Kalman, Bobbie, 1947- II. Title.
III. Series.

QL755.C7618 2005
591.56'5--dc22   2005014842
                                                      LC

**Publicado en
los Estados Unidos**
PMB16A
350 Fifth Ave.
Suite 3308
New York, NY
10118

**Publicado
en Canadá**
616 Welland Ave.,
St. Catharines, Ontario
Canada
L2M 5V6

**Publicado en el
Reino Unido**
73 Lime Walk
Headington
Oxford
OX3 7AD
Reino Unido

**Publicado
en Australia**
386 Mt. Alexander Rd.,
Ascot Vale (Melbourne)
VIC 3032

Contenido

¿Qué es la hibernación?

Muchas regiones del mundo tienen inviernos fríos. En esos lugares el suelo se cubre de nieve, las lagunas se congelan y es difícil encontrar alimento. Los animales que no pueden vivir y encontrar alimento durante esta estación fría deben encontrar otras formas de sobrevivir. Algunos viajan o **migran** a lugares más cálidos. Otros **hibernan**, es decir, permanecen en un estado de sueño. La hibernación no es como el sueño normal. La frecuencia cardíaca y la respiración de los animales que hibernan se hacen muy lentas y su cuerpo se enfría. El animal parece muerto, pero está apenas vivo. Su cuerpo funciona tan lentamente que casi no necesita alimento. Obtiene toda la energía que necesita de la grasa almacenada en su cuerpo.

Muchos animales que hibernan duermen bajo tierra, donde están protegidos del clima frío. Las cámaras subterráneas se llaman **madrigueras** *o* **guaridas**.

¿Verdadero o falso?

Los animales pequeños, como los lirones de la foto y las **ardillas terrestres**, son **hibernantes verdaderos**. Estos animales duermen durante varios meses. En ese tiempo, la temperatura del cuerpo baja casi hasta el punto de congelación. Algunos animales más grandes, como los mapaches y los osos, pasan gran parte del invierno durmiendo, pero se despiertan a menudo. Su cuerpo permanece mucho más caliente que el de los hibernantes verdaderos.

¿Cuál es el momento adecuado?

Los animales deben comenzar a hibernar en el momento adecuado. Si se duermen muy pronto, pueden quedarse sin grasa y morir antes de que termine el invierno. Los científicos creen que la duración de la luz del día les indica a la mayoría de los animales cuándo deben hibernar. A medida que se acerca el invierno, los días se hacen cada vez más cortos. Los animales saben que es hora de hibernar cuando la duración de los días llega a cierto punto.

Distintos tipos

Hay muchos tipos de hibernación. Cada tipo es adecuado para el cuerpo del animal y su **hábitat** u hogar. Los animales que viven en climas **templados** o moderados pueden hibernar sólo unas semanas. Sin embargo, las serpientes jarreteras de la **tundra** ártica hibernan durante casi ocho meses del año. En todos los casos, el cuerpo del animal cambia para ayudarle a sobrevivir al clima riguroso y la falta de alimento.

 # ¿Por qué duermen los animales?

Todos los animales descansan o duermen, incluso los que no hibernan. El sueño les sirve para recuperar energía. La **energía** es la fuerza que los animales necesitan para hacer cosas, como respirar, crecer, correr, trepar, volar, alimentarse y mantener el calor del cuerpo. Si los animales estuvieran despiertos todo el tiempo, se quedarían sin energía rápidamente y se debilitarían.

Muchos animales no ven bien en la oscuridad y por eso duermen de noche. Al comenzar el día, están bien descansados y pueden buscar alimento. Otros animales pueden ver bien de noche. Duermen durante el día y cazan desde el atardecer hasta el amanecer.

Los felinos grandes, como el leopardo de la foto, usan mucha energía al cazar. Necesitan dormir mucho.

Al acecho

Los hábitos de sueño de los animales también dependen de sus enemigos. Los grandes **depredadores** o cazadores, como los tigres, no tienen enemigos. Pueden dormir mucho tiempo sin despertarse. Los animales de los que se alimentan, como los ciervos y las jirafas, pueden dormir sólo un corto tiempo. Deben estar alerta por si se acercan los depredadores.

Ahorrar energía

Los animales duermen todos los días para ahorrar energía, pero deben despertarse y alimentarse para obtener más energía. Su cuerpo **digiere** o descompone los alimentos y los convierte en energía. También deben despertar para deshacerse de los desechos sólidos y líquidos.

La mayoría de los animales se quedarían sin energía si durmieran todo el tiempo sin despertarse para comer, pero los animales que hibernan pueden pasar meses sin alimentarse. Casi no usan energía, así que pueden vivir de la grasa que han almacenado en el cuerpo. Como no comen ni beben, no necesitan eliminar desechos (ver página 13).

La mayoría de los adultos duermen cerca de ocho horas todas las noches, pero los niños necesitan dormir más. ¿Cuántas horas duermes por la noche?

Las jirafas no duermen mucho. Deben cuidarse de los depredadores, en especial después de tener cría.

Hora de comer

Los animales que hibernan deben comer mucho antes de irse a dormir. Comen para almacenar grasa en el cuerpo. Durante la última parte del verano y el comienzo del otoño estos animales comen todo el día. En esa época del año, los árboles y arbustos están llenos de nueces y bayas. Algunos animales juntan comida y la guardan para comerla en el invierno.

Tanto la ardilla terrestre, que aparece arriba, como el lirón, a la izquierda, son hibernantes verdaderos. Comen todo lo que pueden antes del invierno.

¡Sigue comiendo!

Los osos, los ratones y las ardillas se preparan para el invierno comiendo casi todo el tiempo. Su cuerpo produce unas sustancias químicas especiales llamadas **hormonas**, que los impulsan a comer a fin de almacenar grasa suficiente para sobrevivir durante el invierno. Algunos animales, como los murciélagos, comen tanto que llegan a pesar el doble. Muchos animales además almacenan alimento extra para comer durante el invierno.

Dos tipos de grasa

Los animales que hibernan tienen dos tipos de grasa: **grasa blanca** y **grasa parda**. Mientras están hibernando, consumen la grasa blanca. Esta grasa se quema lentamente y dura varios meses. La grasa parda se quema rápidamente. Se encuentra cerca del corazón y los pulmones porque estos órganos son los más necesarios para sobrevivir. Cuando un animal que hiberna está listo para despertar y necesita una gran cantidad de energía, su cuerpo usa esta grasa que se quema rápidamente.

Los mapaches engordan antes del invierno, pero no son verdaderos hibernantes. Se despiertan y comen de vez en cuando.

El lugar perfecto

Antes de que un animal pueda hibernar, debe encontrar y preparar un lugar para dormir. El lugar debe protegerlo del clima y de los depredadores hambrientos. Algunos animales usan huecos naturales, como cuevas. Otros, como esta marmota, usan sus afiladas garras para cavar agujeros en la tierra. El clima afuera puede cambiar todos los días, pero la temperatura bajo tierra cambia lentamente. Al dormir en madrigueras subterráneas, los animales que hibernan están protegidos del mal tiempo, como el viento, la lluvia y la nieve. El suelo actúa como un muro que mantiene el calor y no deja entrar el frío.

El tamaño justo

Por lo general, los animales hibernan en madrigueras cómodas y acogedoras. Esto hace que conserven el calor, igual que una manta que te abriga cuando duermes. Si la madriguera fuera demasiado grande, le entraría aire frío y el animal se congelaría. Algunos animales, como la *Marmota caligata* de la página 10, revisten su guarida con hojas, hierbas y ramitas para dormir en un lugar blando y confortable. Este relleno también ayuda a conservar el calor en la guarida.

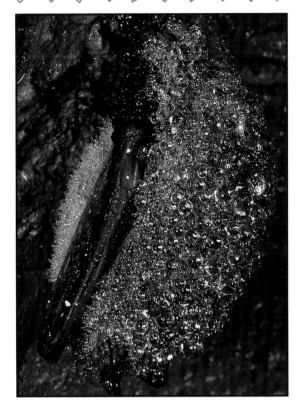

*Si el cuerpo de un animal pierde mucha humedad, se **deshidrata**, es decir, se seca, y el animal muere. Los murciélagos conservan la humedad hibernando en cuevas húmedas. Cuando duermen suelen estar cubiertos de gotitas de agua.*

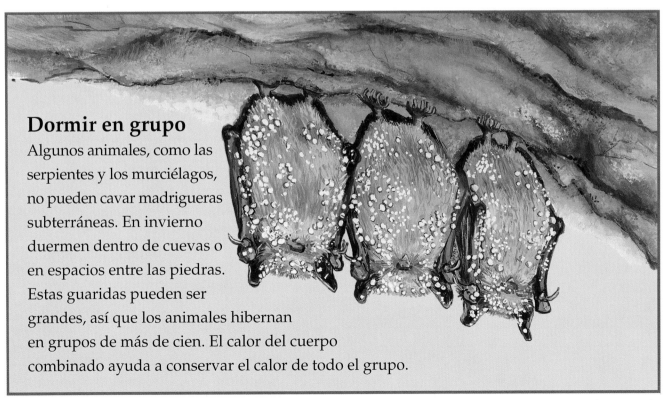

Dormir en grupo

Algunos animales, como las serpientes y los murciélagos, no pueden cavar madrigueras subterráneas. En invierno duermen dentro de cuevas o en espacios entre las piedras. Estas guaridas pueden ser grandes, así que los animales hibernan en grupos de más de cien. El calor del cuerpo combinado ayuda a conservar el calor de todo el grupo.

¡No molestar!

Las marmotas son hibernantes famosas. Todo el mundo está pendiente de observar si las marmotas ven su sombra cuando salen de las madrigueras en primavera.

Los **hibernantes verdaderos** duermen el sueño más profundo en invierno. Parecen estar muertos. ¡Hasta podemos levantarlos sin despertarlos! Estos animales son **mamíferos** pequeños, como los lirones, las ardillas terrestres y los murciélagos. Los mamíferos son animales de **sangre caliente**, lo que quiere decir que su cuerpo por lo general mantiene la misma temperatura. Sin embargo, cuando hibernan su temperatura del cuerpo puede bajar casi hasta el punto de congelación para ahorrar energía.

Bajo y lento

Los hibernantes verdaderos tienen la temperatura más baja y la frecuencia cardíaca más lenta de todos los animales que duermen en invierno. Por ejemplo, apenas una ardilla terrestre comienza a hibernar, su temperatura del cuerpo baja de 100 °F (38 °C) a casi 35 °F (1.7 °C). Su frecuencia cardíaca puede disminuir de 100 latidos por minuto a menos de un latido por minuto. El corazón todavía bombea sangre a todo el cuerpo, pero ésta se mueve muy lentamente, sólo lo suficiente para mantener con vida al animal.

Lento y quieto

Al hibernar, los hibernantes verdaderos respiran muy lentamente. Su corazón apenas late y su cerebro está casi totalmente inactivo. La verdadera hibernación es distinta del sueño. Durante el sueño, el cerebro de los animales trabaja todo el tiempo.

Mantenerse frío

La hibernación verdadera ocurre cuando un animal mantiene una temperatura del cuerpo baja y constante. Los mamíferos pequeños pueden ser hibernantes verdaderos porque su cuerpo puede enfriarse y mantenerse así. Los animales grandes no pueden disminuir la temperatura del cuerpo lo suficiente como para ser hibernantes verdaderos.

Alimento y agua

El alimento es importante para los animales porque contiene **nutrientes**, pero el agua es tan importante como el alimento. Los hibernantes verdaderos no pueden despertarse para tomar agua, sino que la obtienen de la grasa del cuerpo.

Sin necesidades

Cuando un animal quema grasa, produce agua. Al no orinar, los hibernantes verdaderos conservan esa agua en el cuerpo. Normalmente, los animales deben orinar para liberar **urea**, que es una sustancia tóxica que se produce en la digestión de los alimentos. Al quemarse la grasa del cuerpo no se produce urea, así que los animales que hibernan no necesitan orinar.

Patas calentitas

Los hibernantes verdaderos como este lirón evitan que se les congelen las patas haciéndose un ovillo para mantenerlas cerca del cuerpo mientras hibernan. El tronco de los animales es más caliente que las patas. Si las mantienen cerca del cuerpo, el corazón no tiene que trabajar tanto para calentar las partes del cuerpo que están más lejos.

Con un sueño liviano

Los hibernantes verdaderos no son los únicos mamíferos que duermen para sobrevivir durante el invierno. Muchos mamíferos grandes, como los osos, los zorrillos y los mapaches, usan una forma más leve de hibernación en los meses fríos. En los días más cálidos pueden despertarse para vigilar si hay enemigos, comer algo de lo que han guardado o estirar las patas. Para ahorrar energía mientras hibernan, estos animales mantienen una temperatura del cuerpo mucho más baja que la normal. No obstante, ésta no disminuye tanto como la de los hibernantes verdaderos. Por ejemplo, la temperatura del cuerpo de un oso sólo baja pocos grados, de 100 °F (38 °C) hasta unos 93 °F (34 °C). El oso es demasiado grande para ser hibernante verdadero porque su temperatura del cuerpo no puede disminuir lo suficiente y mantenerse baja para ahorrar energía.

Sobre la tierra

Muchos animales de sueño liviano no hibernan bajo tierra. Las ardillas arbóreas y los mapaches suelen dormir en pequeños grupos dentro de árboles huecos. Usan los árboles para anidar y cuidar a las crías todo el año.

¡Necesito más comida!

Al igual que los hibernantes verdaderos, los que tienen un sueño liviano, como las ardillas, consumen la grasa del cuerpo mientras hibernan, pero además consumen alimentos. En los días menos fríos del invierno se despiertan para comer parte de las nueces que guardaron en el otoño. Esta comida adicional repone parte de la grasa que perdieron.

Los osos pueden esperar

Las nueces que comen las ardillas y otros animales de sueño liviano contienen **proteínas**. Cuando el cuerpo quema proteínas, produce urea, así que estos animales deben orinar de vez en cuando. Sin embargo, el cuerpo del oso puede reciclar sus desechos durante el invierno. Al igual que los hibernantes verdaderos, los osos no orinan.

Las ardillas buscan las nueces que almacenaron y las comen durante el invierno.

Vencer el frío

Los reptiles y los anfibios son de **sangre fría**. La temperatura del cuerpo de estos animales cambia cuando el ambiente que los rodea se enfría o se calienta. A diferencia de los animales de sangre caliente, no producen calor en el cuerpo. Se calientan tomando el sol. El invierno puede ser mortal para ellos, pero muchos hibernan para vencer el frío. En otoño, los días se hacen más cortos y frescos.

Las serpientes jarreteras, como las de la foto, huyen del aire frío escondiéndose bajo tierra. Las serpientes que hibernan no podrían sobrevivir solas durante el invierno, porque se les congelaría la sangre. Para evitarlo, cientos de ellas se amontonan bajo la tierra. El grupo crea una barrera contra el aire frío, que mantiene el calor y permite la supervivencia de la mayoría.

En el lodo

Algunos animales de sangre fría, como las ranas y las tortugas, hibernan bajo tierra en el fondo de lagunas o arroyos. Se entierran en el blando lodo y esperan la primavera, cuando la temperatura del agua vuelve a ser cálida. Aunque la superficie de la laguna se congela, el agua cerca del fondo no lo hace. Las capas de hielo, agua y lodo ayudan a los animales a protegerse del aire frío exterior. Los animales respiran burbujas de aire atrapadas en el lodo a su alrededor. No necesitan mucho oxígeno para sobrevivir porque respiran más lentamente de lo normal.

Aunque las ranas son animales de sangre fría, al igual que las serpientes, no necesitan hibernar en grupos grandes para protegerse. Pueden cavar madrigueras a su medida que son tan cómodas como un abrigo.

 # Bichos cómodos

Los **ciclos de vida** de los insectos están entre los más cortos de la Tierra. Los insectos nacen, se convierten en adultos y tienen cría más rápido que la mayoría de los demás animales… ¡a veces en sólo unos cuantos días! Muchos insectos, incluidas las mariposas y las avispas, no terminan su ciclo de vida antes de la llegada del invierno. Estos insectos deben hibernar para sobrevivir hasta la primavera. Entran en un tipo de hibernación llamado **diapausa**. Su crecimiento se mantiene "en espera" hasta la primavera.

El ciclo de vida de la mayoría de los insectos consta de tres etapas. La primera es el **huevo**. Cuando el insecto nace, se le llama **larva**. Con el tiempo, la larva crece y se convierte en **adulto**. Cuando están en diapausa, los insectos no pasan a la siguiente etapa hasta la llegada de la primavera. Hasta los huevos, como los de avispa que ves arriba, pueden estar en diapausa durante el invierno. Las larvas nacerán en primavera. Luego crecerán y se convertirán en avispas adultas.

Anticongelante

Los insectos son de sangre fría y sus cuerpos diminutos conservan poco calor. Algunos, como las avispas, se amontonan en grupos grandes, pero a diferencia de las serpientes, su cuerpo es demasiado pequeño como para crear una "manta" contra el frío. La temperatura del cuerpo de cada insecto disminuye hasta más abajo del punto de congelación. Sorprendentemente, la sangre no se congela. Los insectos tienen un tipo de **anticongelante** en el cuerpo, que evita que los líquidos se congelen y les permite sobrevivir hasta la primavera.

Muchos insectos que hibernan, como estas mariquitas, usan casas y otros edificios como refugio durante el invierno.

¡Hora de descansar!

Las mariposas monarca combinan la hibernación con la migración para sobrevivir el invierno. En otoño, abandonan Canadá y el norte de los Estados Unidos y vuelan miles de millas hasta California y México. Pasan el invierno hibernando en árboles. En la primavera comienzan a volar hacia el norte. Por el camino se detienen, ponen huevos y mueren. Las crías nacen y cuando son adultas continúan el viaje.

Camas de agua

Cuando el alimento comienza a escasear o el agua se enfría mucho, la mayoría de los peces migran a nuevas zonas, pero otros hibernan. Algunos se aprietan contra el fondo de lagos y océanos, y otros se entierran en el lodo. Muchos peces, como esta caballa, comen animales diminutos llamados plancton. En los meses cálidos, se forman grandes grupos de **plancton** en la superficie soleada del agua.

A medida que el tiempo refresca, el plancton comienza a desaparecer, así que la caballa no puede encontrar alimento suficiente. Entonces nada hasta aguas más profundas y frías. Su respiración se hace más lenta y el pez reposa inmóvil en el fondo marino. En la primavera, el plancton vuelve a la superficie soleada y también lo hace la caballa, que se alimenta de él.

Nadar más profundo

A menudo, la superficie de lagos y lagunas se congela en invierno. Los peces huyen del hielo nadando hacia aguas más profundas. La mayoría de ellos no comen mucho durante esta época fría. Dejan de crecer por un tiempo, pero en realidad no hibernan.

Revolcándose en el lodo

La carpa es uno de los pocos peces de lago que sí hibernan. Cuando llega a aguas profundas, se dirige al fondo. Se revuelca en el lodo hasta que finalmente se entierra. Al igual que otros hibernantes, respira sólo la mitad de las veces que respiraría normalmente.

La carpa es muy conocida porque remueve el lodo del fondo. Lo hace para cavar un agujero donde hibernar.
Durante el resto del año, lo hace para buscar alimento en el fondo del lago.

Dulces sueños, pajaritos

A medida que se acerca el invierno, la mayoría de las aves, incluidas estas golondrinas de mar, migran hacia lugares más cálidos. Durante mucho tiempo los científicos creyeron que las aves no hibernaban. Luego descubrieron que el chotacabras hiberna todo el invierno. Estas aves duermen en troncos huecos o en agujeros naturales entre las rocas. Cuando los chotacabras hibernan, su respiración se hace más lenta y la temperatura del cuerpo baja de 100 °F (38 °C) a 65 °F (18 °C).

*Este chotacabras está hibernando **camuflado** para que los depredadores no puedan encontrarlo mientras duerme.*

Noches de descanso

Los colibríes pueden mover las alas más rápido que cualquier otra ave. Para ello necesitan mucha energía. Cuando duermen de noche, su descanso se parece a la hibernación. Durante el sueño, los colibríes no se mueven y su temperatura del cuerpo disminuye. Aunque "hibernan" sólo durante la noche, este sueño profundo les sirve para ahorrar mucha energía valiosa.

Los colibríes también duermen para ahorrar energía durante períodos largos de mal tiempo, cuando es difícil encontrar alimento.

¿Qué es la estivación?

Los animales que viven en lugares fríos no son los únicos que hibernan. Los que viven en zonas muy cálidas también tienen un sueño profundo. Este tipo de hibernación se llama **estivación**. Los animales estivan para sobrevivir a las **estaciones secas**, cuando llueve muy poco y no hay mucho alimento. Duermen bajo tierra durante varios meses para escapar del calor y conservar la humedad del cuerpo hasta que vuelva a llover.

Al igual que las ranas y tortugas que hibernan, los caimanes y cocodrilos que estivan se entierran en el lodo del fondo de los arroyos. Sin embargo, en lugar de mantener el calor, el lodo los mantiene frescos y húmedos. Los reptiles grandes no tienen enemigos naturales, así que pueden quedarse mucho tiempo durmiendo sin problemas. No hay depredadores que se les acerquen sigilosamente para atacarlos.

Las tortugas del desierto estivan en los meses más calurosos. Para ello se entierran en la arena.

La vida en el desierto

Los desiertos son lugares secos en los que llueve muy poco. Los pequeños reptiles y mamíferos que viven allí se han adaptado a vivir casi sin agua. De hecho, los animales del desierto, como los eslizones y los jerbos, obtienen la mayor parte del agua que necesitan de los insectos que comen. No obstante, para sobrevivir durante los meses más calurosos, cavan madrigueras muy profundas en la arena y estivan en ellas. Las madrigueras deben protegerlos del calor y de los depredadores.

Un jerbo que estiva se parece al lirón, su primo que hiberna.

Esperar la lluvia

Un período extenso sin lluvia se llama **sequía**. Algunas sequías duran años. Ni siquiera los animales que estivan pueden sobrevivir sin agua durante tanto tiempo. Sin embargo, algunos animales pueden entrar en estado **durmiente**, o estar inactivos, y sobrevivir durante años sin agua ni alimento. El cuerpo de los caracoles es blando y debe conservar la humedad. Durante las sequías, el caracol se mete por completo dentro de la concha. Luego produce una cubierta dura que sella la abertura. Esta "puerta" le permite atrapar la humedad. Cuando llueve, el caracol sale de la concha nuevamente.

caracoles

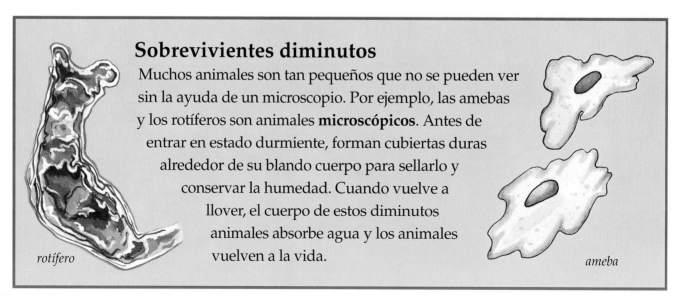

Sobrevivientes diminutos

Muchos animales son tan pequeños que no se pueden ver sin la ayuda de un microscopio. Por ejemplo, las amebas y los rotíferos son animales **microscópicos**. Antes de entrar en estado durmiente, forman cubiertas duras alrededor de su blando cuerpo para sellarlo y conservar la humedad. Cuando vuelve a llover, el cuerpo de estos diminutos animales absorbe agua y los animales vuelven a la vida.

rotífero

ameba

Peces pulmonados

Los peces usan **branquias** para respirar. La mayoría no puede respirar fuera del agua, pero los peces pulmonados pueden hacerlo tanto dentro como fuera del agua. Estos peces viven en ríos y lagunas poco profundas en

África y América del Sur. Cuando las lagunas y los ríos se secan, los peces pulmonados hacen cuevas en el lodo del fondo. Crean un capullo de baba a su alrededor para evitar que se escape la humedad. También dejan agujeros en el lodo para poder respirar mientras están en estado durmiente.

Los peces pulmonados pueden permanecer durmientes hasta veinte años. Algunos anfibios, como los sapos, también entran en estado durmiente para sobrevivir a las sequías.

La habitación de los niños

Los animales jóvenes siempre pueden estar en peligro. Les cuesta encontrar alimento y son blancos fáciles para los depredadores. Algunas hembras usan el tiempo de la hibernación para dar a luz y cuidar a las crías.

Las osas dan a luz a los **oseznos** en su guarida. Los oseznos no pueden ver, no tienen pelo y son muy pequeños. ¡Puedes sostener uno en la palma de la mano! El cuerpo de la osa convierte la grasa en leche para los oseznos y produce calor para mantener caliente la guarida. Los oseznos pasan gran parte del invierno despiertos, aunque la osa duerma. Cuando se cansan, se arriman a ella para descansar. En su cómoda guarida, están a salvo de los depredadores. Pueden crecer y fortalecerse antes de la llegada de la primavera.

La osa brinda alimento y calor a los oseznos. También puede despertar rápidamente para protegerlos si se acerca un depredador.

Huevos congelados

Muchos animales son expertos en el arte de proteger a sus crías del frío o la sequía. Por ejemplo, los huevos de los sapos del desierto pueden quedar en estado durmiente. Si un charco se seca, los sapos ponen huevos envueltos en capullos de baba. Incluso si los adultos no sobreviven, los jóvenes renacuajos nacerán cuando vuelva a llover. Muchos insectos ponen huevos bajo tierra o dentro de troncos en otoño. Los huevos entran en diapausa y las larvas nacen en primavera (ver página 18).

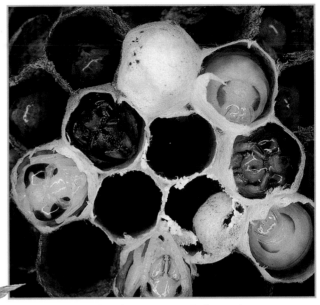

De estos huevos de avispa no nacerán larvas hasta que el clima sea lo suficientemente cálido para que los insectos sobrevivan.

Cuantos más seamos, mejor

Las serpientes jarreteras dan a luz justo antes de hibernar. Las crías siguen a los adultos bajo tierra. Para mantenerse calientes, se enrollan en el medio del gran grupo de serpientes durmientes y así no se congelan (ver página 16).

Canguritos en espera

Los canguros hembra pueden dar a luz sólo cuando hay agua en su seco hábitat. Su cuerpo necesita agua adicional para producir la leche con la que alimentan a las crías. Después de que dos canguros se aparean, la hembra guarda los óvulos dentro del cuerpo. Los óvulos no se **gestan**, es decir, no continúan creciendo, hasta que haya agua suficiente para producir leche.

 # ¡Ya me desperté!

Cuando vuelve la primavera, los animales que hibernan deben despertar. Algunos, como los mapaches y los osos, se despiertan a menudo durante la hibernación para estirarse y caminar. Otros, como los lirones, los murciélagos, las serpientes y los insectos, están casi congelados. Cuando se despiertan, no pueden moverse. Deben esperar a que su cuerpo se caliente antes de poder salir de la guarida.

Los científicos no saben bien cómo saben los animales cuándo deben despertar. Los que tienen el sueño liviano, como los osos, abandonan su guarida con suficiente frecuencia como para notar los cambios del clima, pero... ¿cómo hacen los hibernantes verdaderos para saber que es hora de despertar? A medida que se acerca la primavera, los días se hacen más largos. Algunos científicos creen que cuando los días llegan a una cierta duración, los animales saben que el sueño invernal ha terminado.

Los animales de sangre fría, como esta rana leopardo, toman el sol para calentarse después de hibernar.

Quemar grasa

Para despertar en la primavera, los hibernantes verdaderos queman la grasa marrón que han acumulado. Esta grasa calienta el corazón, el cerebro y los pulmones. El animal respira más rápido y su frecuencia cardíaca se acelera. El corazón bombea sangre a las patas y la cola. El animal está casi listo para abandonar la guarida.

Las ardillas terrestres comen lo que queda del alimento que almacenaron durante el otoño, pero muchos animales siguen consumiendo la grasa almacenada en el cuerpo hasta que encuentran algo para comer. Los animales grandes, como los osos, buscan alimento en cuanto dejan la guarida. Les enseñan a las crías a atrapar sabrosos peces, como el salmón.

Glosario

Nota: Es posible que las palabras en negrita que aparecen en el texto no figuren en el glosario.

ameba Criatura diminuta de una sola célula

ardilla terrestre En referencia a la ardilla de tierra ártica, roedor que vive en madrigueras y que es hibernante verdadero

camuflaje Colores o marcas que le permiten a un animal mezclarse con su ambiente natural

ciclo de vida Conjunto de cambios desde el momento en que un animal nace hasta que se convierte en adulto y puede tener cría

deshidratar Perder agua o humedad

depredador Animal que caza y se come a otros animales

diapausa Tipo de hibernación durante el cual los huevos o el cuerpo de algunos animales e insectos dejan de crecer

durmiente Palabra que describe a algo que no está activo

gestar Crecer dentro del cuerpo de la madre

hormona Sustancia química producida por un animal y que ayuda a regular el cuerpo del mismo

larva Insecto que acaba de nacer

madriguera Cueva subterránea que sirve de hogar a un animal

microscópico Palabra que describe el tamaño de animales que sólo se pueden ver con un microscopio

nutriente Sustancia natural que ayuda a los animales y plantas a crecer

proteína Sustancia necesaria para crecer; se encuentra en alimentos como la carne

rotífero Criatura diminuta cuyo cuerpo está formado por pocas células

sequía Período prolongado sin lluvia

templado Palabra que describe un clima ni muy frío ni muy cálido

tundra Llanura sin árboles de la región ártica

Índice

1 2 3 4 5 6 7 8 9 0 Impreso en Canadá 4 3 2 1 0 9 8 7 6 5